名護市安部ギミ崎に墜落したオスプレイ 2016年12月14日　撮影　牧志　治

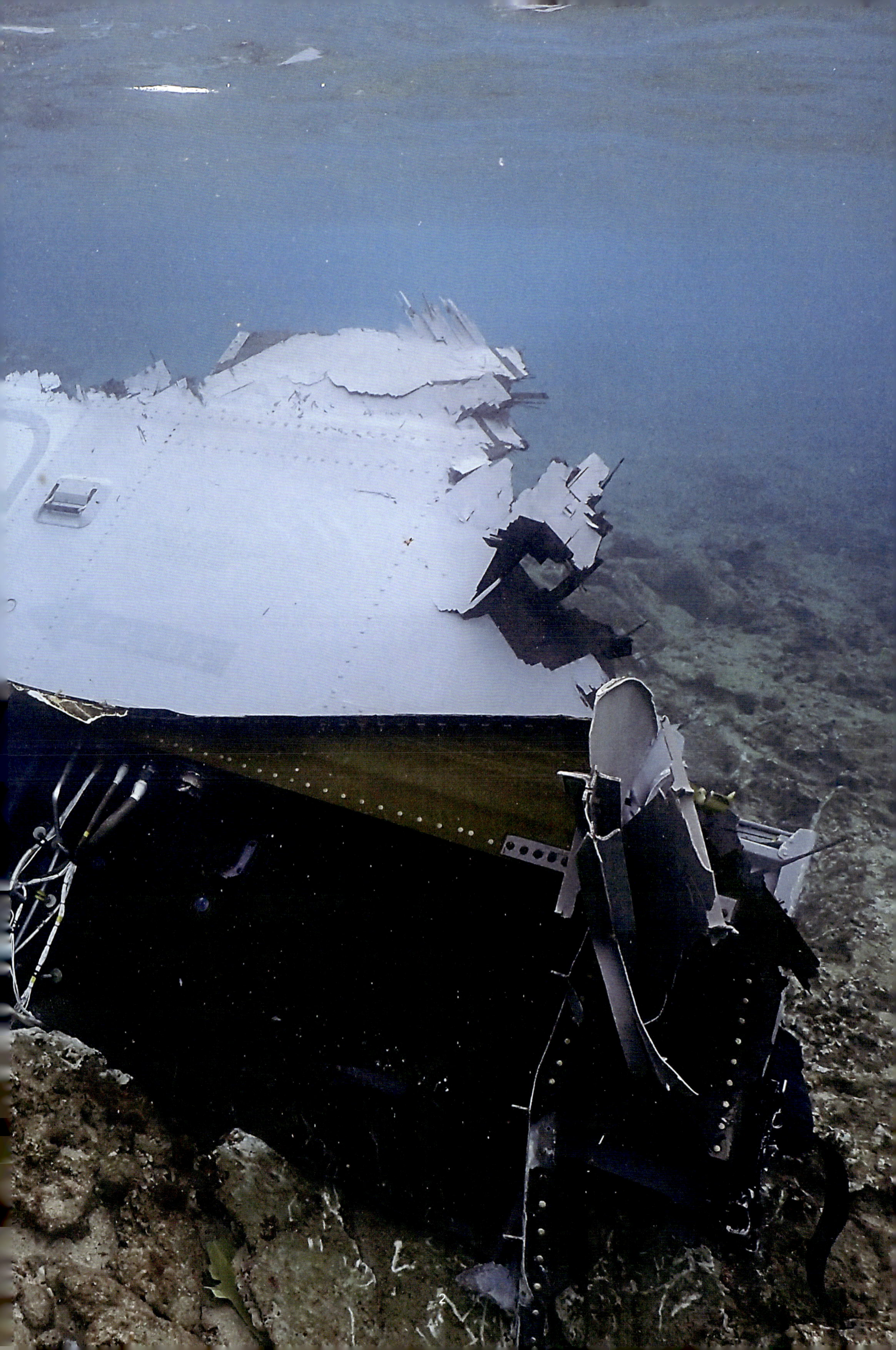

Crew Chief
Cpl Reuscher
First Mech
Cpl Morgan

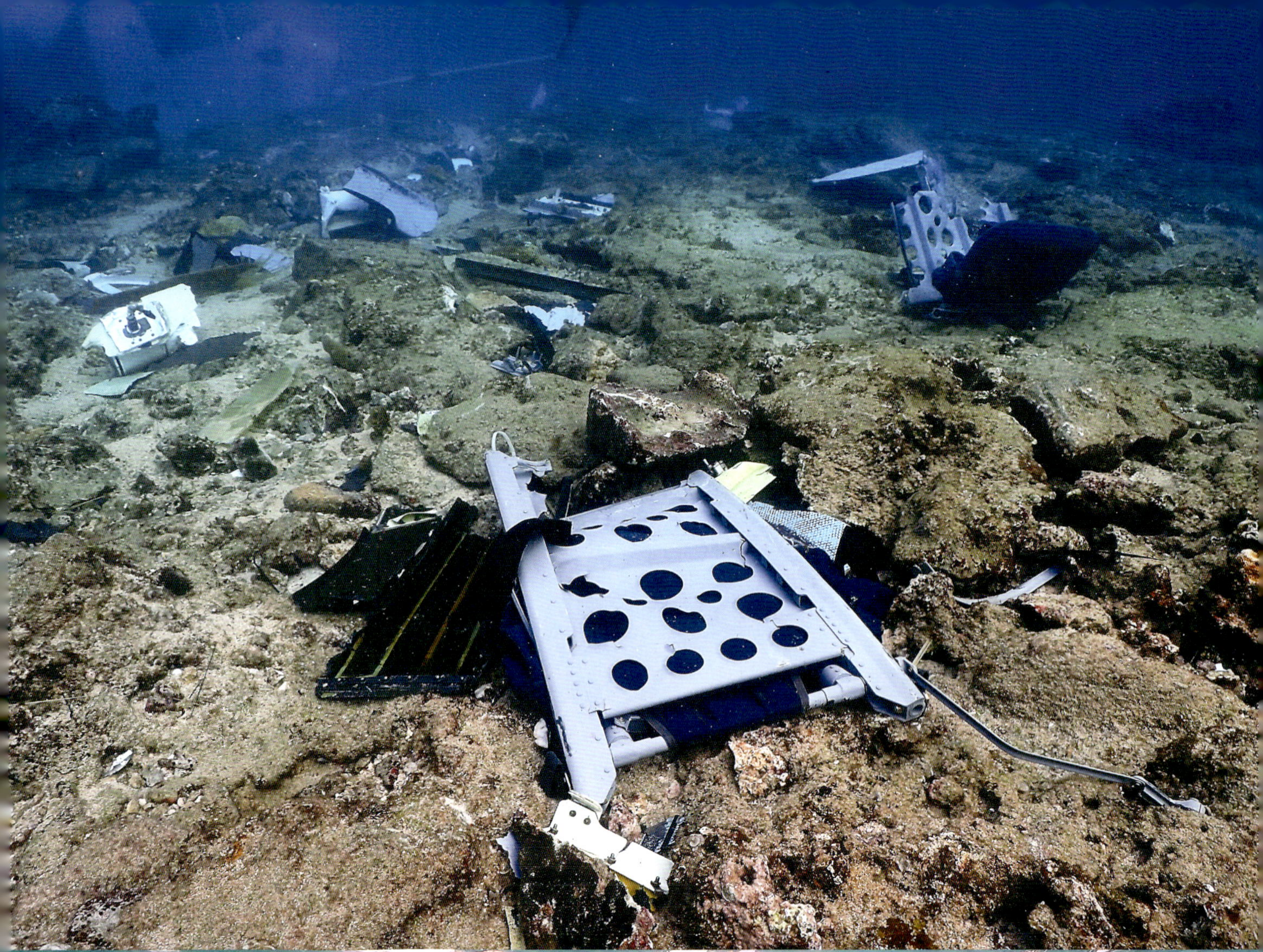

RED BLADE

SERVICE ACCESS
BLADE FOLD RELAYS
THIS SIDE UP

工事

オスプレイパッド N1 地区　2016 年 11 月 26 日　撮影　小橋川 共男

やんばるの森を
壊すな!

2.9t

ヘリパッド工事を
中止せよ!

ALSOK

オスプレイパッド N1 地区の林道を遮る壁